BEI GRIN MACHT SICH IHR WISSEN BEZAHLT

AF136267

- Wir veröffentlichen Ihre Hausarbeit,
  Bachelor- und Masterarbeit

- Ihr eigenes eBook und Buch -
  weltweit in allen wichtigen Shops

- Verdienen Sie an jedem Verkauf

Jetzt bei www.GRIN.com hochladen und kostenlos publizieren

Die "Eis-Trilogie" von Vladimir Sorokin. Mythos, Entstehung und Struktur

Michael Rabinovych

Bibliografische Information der Deutschen Nationalbibliothek:

Die Deutsche Nationalbibliothek verzeichnet diese Publikation in der Deutschen Nationalbibliografie; detaillierte bibliografische Daten sind im Internet über http://dnb.d-nb.de abrufbar.

ISBN: 9783346393715
Dieses Buch ist auch als E-Book erhältlich.

Druck und Bindung: Books on Demand GmbH, Norderstedt Germany
Gedruckt auf säurefreiem Papier aus verantwortungsvollen Quellen

Das vorliegende Werk wurde sorgfältig erarbeitet. Dennoch übernehmen Autoren und Verlag für die Richtigkeit von Angaben, Hinweisen, Links und Ratschlägen sowie eventuelle Druckfehler keine Haftung.

Das Buch bei GRIN: https://www.grin.com/document/1006327

Seminararbeit
über
die Eis-Trilogie von Vladimir Sorokin
von
Michael Rabinovych

Inhaltsverzeichnis

1   EINLEITUNG 3

2   MYTHOS DER EIS-TRILOGIE... 3

2.1   Bruderschaft – eine Sekte... 4

2.2   Der Ritus der Erweckung der schlummernden Herzen. 7

2.3   Liebesakte der Geschwister des Lichts 8

3   DIE EIS-TRILOGIE («ЛЕДЯННАЯ ТРИЛОГИЯ») – ENTSTEHUNG UND STRUKTUR... 10

3.1   „Ljod" (2002) 10

3.2   „Put' Bro" (2004)... 13

3.3   „23 000" (2005)... 16

4   EIS-TRILOGIE – EIN NEUES KONZEPTUALISTISCHES PROJEKT VON SOROKIN? 18

5   FAZIT... 22

6   LITERATURVERZEICHNIS 24

7   ANHANG 26

1 Einleitung

Die vorliegende Seminararbeit ist der Eis-Trilogie des postmodernistischen Schriftstellers Vladimir Sorokin gewidmet.

Im zweiten Kapitel wird auf den Mythos der Eis-Trilogie, seine Bestandteile und seine Motive eingegangen und es werden einige interpretatorische Versuche unternommen.

Im dritten Kapitel wird auf alle drei Romane der Trilogie einzeln eingegangen, ihr Stil analysiert und versucht, mögliche Absichten des Autors herauszustellen.

Im vierten Kapitel kommt es zu einer Auseinandersetzung mit der Frage, ob die Eis-Trilogie, als ein komplett neues literarisches Produkt oder als Resultat eines alten konzeptualistischen Spiels von Sorokin betrachtet werden kann.

Im fünften und letzten Kapitel soll dann eine kurze Schlussbetrachtung der ganzen Arbeit erfolgen.

2 Mythos der Eis-Trilogie

Alle drei Romane leben von einem Mythos, der zum einen vom Bruder Bro der Schwester Hram im Roman «Лёд» offenbart wird[1] und zum anderen im Roman «Путь Бро» (im Kapitel «Лёд») Ausdruck findet.[2]

Am Anfang aller Anfänge gab es nur das ursprüngliche Licht, welches aus 23 Tausend Lichtstrahlen bestand und in einer absoluten Leere existierte. Diese Lichtstrahlen erschufen die Welten, die langsam die kosmische Leere füllten. Um eine Welt hervorzubringen, bildeten die Strahlen einen göttlichen Kreis des Lichtes und nach 23 Lichtimpulsen entstand eine neue Welt. So wurden neue Sterne, Planeten und Galaxien geboren. Einmal wurde ein Planet erschaffen, der zum ersten Mal von Wasser umgeben war. Das war der Planet Erde. Die Erschaffung der Erde entpuppte sich bald als ein Kardinalfehler, da das Wasser einen kugelförmigen Spiegel darstellte, der die ganzen Lichtstrahlen reflektierte. Die Lichtstrahlen durchlebten dadurch eine Transformation und wurden zu den einfachsten Lebensformen. Aus 23 Tausend Einzellern und weiteren Lebewesen wurden durch die Evolution in den vielen Milliarden von Jahren Menschen. Die Menschen vermehrten sich und besiedelten die Welt. Sie sprachen die Sprache des Kopfes und nicht des Herzens. Sie hörten auf, die Dinge zu sehen, sondern fingen an, sie zu denken. Die blinden und herzlosen Menschen erschufen Waffen und Maschinen, wurden grausam und gewalttätig. Sie töteten und gebaren, gebaren und töteten und verwandelten sich in lebendige Tote. Und die Erde wurde zur Hölle. Die „Quanten-Menschen", die einst

---

[1] Сорокин, В.: Ледяная трилогия. S. 230-231
[2] Сорокин, В.: Ледяная трилогия. S. 47-53

Lichtstrahlen waren und immer noch das ursprüngliche Licht in ihren Herzen trugen, starben und wurden wieder geboren. Allerdings schliefen ihre Herzen wie die anderen Milliarden von menschlichen Herzen. Um diese zu erwecken und gleichzeitig die kosmische Harmonie wiederherzustellen, wurde ein großer Meteorit auf die Erde geschickt, der im Jahre 1908 in Sibirien in der Nähe des Flusses „Steinige Tunguska" («Подкаменная Тунгуска») einschlug. 1927 wurde dorthin eine Expedition, bestehend aus 15 Mitgliedern geschickt, um das Tunguska-Ereignis zu erforschen und den Meteoriten zu finden. Ein Mitglied der Expedition, ein blonder blauäugiger Student erlebt am Ort des Meteoriteneinschlags ein merkwürdiges Gefühl, welches er nie zuvor in seinem Leben erlebte: sein Herz wurde zum Hüpfen gebracht. Er spürte mit seinem Herzen, die Nähe des Meteoriten und dessen Energie, die den jungen Mann erschütterte und sein Leben in den nächsten zwei Tagen völlig umkrempelte. Er hörte auf mit den anderen Mitgliedern der Expedition zu kommunizieren, die ihn für verrückt erklärten und trennte sich von seinen Begleitern, die sich auf den Heimweg begaben. Er suchte den Ort des Einschlags auf und fand den Meteoriten, den riesigen Eisklumpen. Dabei stoß er heftig seine Brust an dem Eis und sein Herz fing an zu sprechen. Und er verstand alles, brach ein Stück Eis ab, nahm es mit und ging zum nächstgelegenen Dorf, in dem er ein blondes Mädchen mit blauen Augen fand und mit einem selbstgebastelten Eishammer auf ihre Brust einschlug. Das Mädchen schrie auf und wurde ohnmächtig und später schauten sich die beiden wie Geschwister an, umarmten sich und ihre Herzen sprachen miteinander. Sie verstanden alles und begaben sich auf die Suche der Ihresgleichen zuerst in Russland und später in anderen Ländern der Welt.

Bro und seine Schwester Fer gründeten die Bruderschaft des Lichts[3], die sich zum Ziel setzte, die 23 Tausend „Quanten-Menschen" zu finden. Diese werden sich in einem Kreis aufstellen und sich dabei an die Hände fassen, ihre Herzen werden 23 Herzensworte sprechen und daraufhin wird die Erde verschwinden, sich im ursprünglichen Licht auflösen. Die „Quanten-Menschen" werden zu den ursprünglichen Lichtstrahlen und in die Ewigkeit zurückkehren.

2.1 Bruderschaft – eine Sekte

Die Bruderschaft, die in der Eis-Trilogie selbst als Sekte bezeichnet wird[4], besteht aus Geschwistern, die sich selbst als elitäre Gesellschaft betrachten und sich durch den Sinn und die Ziele ihrer Existenz auf der Erde von normalen Menschen („Fleischmaschinen") abheben.

---

[3] Im Folgenden wird die Bruderschaft des Lichts zur Bruderschaft abgekürzt.
[4] «– Значит, это просто секта? – спросила Ольга.
– Можно так назвать, – согласился Майкл, отпивая зеленый чай.» (Сорокин, В.: Ледяная трилогия S. 340)

Die äußeren Erkennungsmerkmale der Geschwister des Lichts stellen blaue Augen und blonde Haare dar. Diese Merkmale können sowohl mit dem Begriff der Rasse und des Ariers als auch mit dem Äußeren eines Engels in Verbindung gebracht werden.[5] Im Gegensatz zu normalen Menschen, die sich die Frage nach dem Sinn des Lebens[6] stellen und nicht imstande sind, diese eindeutig zu beantworten, haben die Geschwister des Lichts den Sinn und das Ziel ihres Daseins auf der Erde gefunden. Sie wissen ganz genau, wer sie sind, woher sie kommen und wohin sie gehen. Menschen versuchten schon immer ihrem Leben einen bestimmten individuellen Sinn zu verleihen. Eine Religion und der Glaube können das Leben mit Sinn füllen. Fällt es jemandem schwer, den Sinn des Lebens zu finden, so tritt er einer Religionsgemeinschaft oder einer Sekte bei und erhält dort eine „Bedienungsanleitung fürs Leben". Jetzt muss er nicht mehr so viele Entscheidungen fällen, da sein Leben nach bestimmen Regeln und Gesetzen abläuft, eine Struktur aufweist und dadurch diesen Menschen glücklich macht. Jeder Mensch hat in der Regel ein angeborenes Bedürfnis nach Geborgenheit und Sicherheit. Und eine Religionsgemeinschaft bzw. eine Sekte kann dieses Bedürfnis befriedigen, da man dort nicht auf sich allein gestellt ist, sondern in der Gemeinschaft agiert und von anderen Geschwistern permanent Unterstützung erfährt.

Um eine weitere essentielle Frage nach der Entstehung des Universums, der Erde, des Menschen und des Lebens zu beantworten, werden derzeit zwei voneinander unabhängige Theorien herangezogen. Auf der einen Seite steht die von Kreationisten propagierte religiöse Auffassung der Schöpfungsgeschichte, die in der alttestamentlichen Genesis geschildert wird. Die Bibel erläutert die Schöpfungsgeschichte als einen Akt Gottes, der in sechs Tagen vollbracht wurde:[7]

> „Am Anfang schuf Gott Himmel und Erde, die Erde aber war wüst und wirr. Gott sprach: Es werde Licht und es ward Licht. Es wurde Abend und es wurde Morgen."[8]

Auf der anderen Seite stützen sich die Wissenschaftler bei der Beantwortung auf die oben formulierte Frage auf die Urknall- und Evolutionstheorie. Demnach hat das Universum ungefähr von 13,7 Milliarden Jahren angefangen. Auf die Frage, was aber davor war, kann bis jetzt noch keine Antwort geliefert werden.[9] Sorokin beschreibt in dem Mythos seiner Eis-Trilogie die Entstehung der Galaxien und der Erde folgendermaßen:

> «И мы порождали миры. […]. Каждый раз, когда мы, лучи Света, хотели создать новый мир, то образовывали Божественный Круг Света из двадцати трех светоносных лучей. Все лучи устремлялись внутрь Круга, и после двадцати трех импульсов в центре Круга рождался новый мир. Мы порождали небесные тела: звезды и планеты,

---

[5] vgl. dazu Maria Dschaak 2012, S. 6
[6] Diese Frage ist mit folgenden Fragestellungen eng verbunden. „Wer sind wir? Woher kommen wir? Wohin gehen wir?"
[7] vgl. dazu https://www.br.de/radio/bayern2/sendungen/radiowissen/ethik-und-philosophie/urknall-schoepfung-thema100.html
[8] Das erste Buch Mose, der Genesis
[9] Lesch 2020, S. 20

метеориты и кометы, туманности и галактики. [...]. Мы сотворяли Вселенную. [...] И однажды мы сотворили новый мир. И одна из его девяти планет была вся покрыта водой. Это была планета Земля. Раньше мы никогда не сотворяли таких планет. И никогда не сотворяли воду. Ибо вода – непостоянна и дисгармонична. Она сама способна порождать миры – непостоянные и дисгармоничные. Это была великая ошибка Света. Вода на планете Земля образовала шарообразное зеркало. Как только мы отразились в нем, то перестали быть лучами Света и воплотились в живые существа. Мы стали примитивными амебами, обитателями бескрайнего океана. [...]. Потекли миллиарды земных лет. Мы эволюционировали вместе с другими существами, населяющими Землю. Наш верхний позвонок развился в громадную опухоль, именуемую мозгом. Мозг помог нам лучше других животных ориентироваться в мире. Так мы стали людьми.»[10]

Sollten die 23 Tausend Lichtstrahlen mit der schöpferischen Kraft Gottes in Verbindung gebracht werden («Божественный Круг Света из двадцати трех светоносных лучей»[11]), so vereinigt Sorokin die Schöpfungsgeschichte mit der Evolutionstheorie, ohne dabei auf die Urknalltheorie einzugehen und unternimmt damit einen neuen Erklärungsversuch der Entstehung der Erde und des Menschen. Dabei erklärt er sowohl die Botschaft der Bibel als auch die naturwissenschaftlichen Erkenntnisse für gültig. Es existiert auch eine andere Version der Weltentstehung, die die Existenz Gottes und die Urknalltheorie bejaht. Diese geht davon aus, dass der stattgefundene Urknall vom Gott ausgelöst wurde. Wie dem auch sei, eins ist klar: Es mussten sehr viele Ereignisse zusammentreffen, damit das Universum, die Erde und der Mensch entstehen. Und sofort drängt sich der Gedanke auf, dass es jemandem gegeben haben muss, der dafür verantwortlich ist.

Im Mythos der Eis-Trilogie wird von den (23 Tausend) Lichtstrahlen gesprochen. Physikalisch betrachtet wird eine solche komplizierte Erscheinung wie das Licht mit unterschiedlichen Modellen beschrieben: Modell Lichtstrahl, Modell Lichtwelle und Modell Lichtquant. Mit dem Lichtstrahlmodell wird in der Strahlenoptik die geradlinige Ausbreitung des Lichts, Entstehung von Schatten und die Wege des Lichts bei der Reflexion und Brechung erklärt. Solche Phänomene wie Beugung, Interferenz (Überlagerung) und Polarisation von Licht werden mit dem Lichtwellenmodell erklärt und gehören in den Bereich Wellenoptik.[12] Nach dem Lichtquant- bzw. Photonenmodell besteht das Licht aus Teilchen (Photonen), die sich mit Lichtgeschwindigkeit ausbreiten, unteilbare Energiepakete sind und nur als Ganzes erzeugt oder absorbiert werden können. Das Photonenmodell erklärt den von Albert Einstein gedeuteten Photoeffekt und findet ihre Anwendung in der Quantenoptik.[13] Beim Photoeffekt werden durch Bestrahlung Elektronen aus einer Metalloberfläche herausgelöst. In der klassischen Physik schließen sich die Konzepte „Teilchen" und „Welle" gegenseitig streng aus. Die Erkenntnis, dass das Licht den Wellen- und zugleich den Teilchencharakter zeigen kann, wird in der Quantenphysik als Welle-Teilchen-Dualismus bezeichnet. Nach dieser Erkenntnis kann auch jedem Teilchen, z. B. dem Elektron die Eigenschaften von klassischen Wellen

---

[10] Сорокин, В.: Ледяная трилогия S. 49-50
[11] Сорокин, В.: Ледяная трилогия S. 49
[12] https://www.lernhelfer.de/schuelerlexikon/physik/artikel/modelle-fuer-das-licht
[13] vgl. https://www.leifiphysik.de/quantenphysik/quantenobjekt-photon/grundwissen/einsteins-theorie-des-lichts

zugeschrieben werden, sodass die Frage, ob Elektronen oder Lichtquanten Teilchen oder Wellen seinen, sich nicht mehr beantworten lässt. Beide sind demnach Quantenobjekte, die je nach der jeweiligen Situation verschiedene Eigenschaften zum Ausdruck kommen lassen.[14]

2.2 Der Ritus der Erweckung der schlummernden Herzen.

Die Trennung vom sklavischen Dasein eines Menschen («Люди стали жить умом, закабалив себя в плоти и времени»[15]) wird durch ein spezifisches Ritual in die Tat umgesetzt. Dazu wird mit einem aus dem Eis bestehenden Hammer auf den Brustkorb geschlagen. Das Schwingen des Eises versetzt das Herz in Bewegung, sodass dieses seinen Namen spricht und zum einen den Eintritt in die Bruderschaft und zum anderen die neue Identität des Menschen gekennzeichnet. Dieser Prozess kann mit dem Begriff des Übergangsritus in Verbindung gebracht werden. Arnold van Gennep unterteilt den Übergangsritus in drei Phasen: Trennungsphase, Schwellenphase und Angliederungsphase.[16] Das oben beschrieben Ritual kommt der Trennungsphase gleich. Dabei bekommt die Person im Falle der Bruderschaft nicht nur einen neuen Namen, sondern auch eine zurückbleibende Narbe auf der Brust. Beide Zeichen dienen einer dauerhaften Differenzierung der Geschwister des Lichts von den „Fleischmaschinen", die von der Bruderschaft auch als „taube Nüsse" («пустышки») bezeichnet werden. Gleichzeitig durchleben die Initianten körperliche Veränderungen wie Verlust der Kontrolle über die Körperflüssigkeiten wie Urin, Speichel und Tränenflüssigkeit. Die erwachten Herzen aller „durchgeklopften" Geschwister des Lichts weinen sieben Tage lang:

«Отнесли они меня в спальню, раздели, уложили. А я так разревелась, что остановиться не могу. Захожусь, захожусь вся до бесчувствия, словно помираю. А потом очнусь – где я? Лежу пластом в постели. Только отойду чуть – и опять в слезы. И опять меня всю корежит. И опять нарыдаюсь до бесчувствия. И так семь дней я прорыдала».[17]

Zu einer weiteren körperlichen Veränderung zählt die Veränderung der Nahrungsaufnahme. Die Geschwister des Lichts ernähren sich lediglich von Früchten und reinen Speisen:

«наши организмы принимали только цельную пищу, не тронутую тленом и огнем, не вареную, не замороженную, не перемолотую и не заквашенную. Трупы живых существ были для нас совершенно неприемлемы, но пожирать еще живые существа мы тоже не могли: сердце не принимало кровь. Ни живую, ни мертвую. Только зерно, фрукты и овощи могли перевариваться в наших желудках и давать нам силу. Мы впускали в себя только то, что было цельным, не разрушенным человеком».[18]

---

[14] Grehn und Krause 2007, S. 399
[15] Сорокин, В.: Ледяная трилогия S. 50
[16] Vgl. Gennep, Arnold van: Übergangsriten. Frankfurt: Campus Verlag 2005, S. 29
[17] Сорокин, В.: Ледяная трилогия. S. 229
[18] Сорокин, В.: Ледяная трилогия. S. 99

Sie essen also auch kein Fleisch, genauso wie Sorokin, der 2003 zum Vegetarier wurde und der Meinung ist, dass die Tiere dazu geboren sind, um zu leben und nicht um im menschlichen Magen verdaut zu werden.[19]

Der Trennungsphase schließt sich die Schwellenphase an, in der die Geschwister des Lichts den Schwellenzustand erleben, der sich durch einen hohen Grad an Unbestimmtheit auszeichnet. Um mit diesem Zustand psychisch und emotional fertig zu werden, wird jede Menge von Symbolen entwickelt. Die Bruderschaft besitzt ein Emblem, das «два ледяных молота вокруг алого сердца»[20] zeigt.[21] Nach Turner zeichnet sich der Schwellenzustand durch Homogenität, Gleichheit, Besitzlosigkeit, sexuelle Enthaltsamkeit, Selbstlosigkeit, Schweigen und den ständigen Bezug auf mystische Kräfte aus, die alle für die Bruderschaft geltend gemacht werden können.[22] In diesem Zusammenhang wird von Turner der Begriff der millenarischen Bewegung eingeführt, die die oben genannten Merkmale in sich verbindet. „Ziel dieser Art der Bewegung ist es, die Menschheit in ein neues Zeitalter zu führen und sie von dem Dasein auf der Erde, das mit Leid konnotiert wird, zu erlösen."[23] Dieses Ziel stimmt mit dem Ziel[24] der Bruderschaft überein. Die letzte Phase des Übergangsritus, die Angliederungsphase erübrigt sich nach van Gennep für die Bruderschaft: „Zum Schluss folgen Riten, die den Initiierten wieder in die frühere Umgebung reintegrieren, ein Element, das bei der Initiation in einen Totemklan oder eine Bruderschaft nicht nötig ist."[25] Zwischen dem Ritus der Erweckung der schlafenden Herzen der Bruderschaft und des Einschlag des Tunguska-Meteoriten kann meines Erachtens eine Parallele gezogen werden: So wie der Eishammer auf das schlummernde Herz einer Person einschlägt, es erweckt und sprechen lässt, so hat auch der Eis-Meteorit auf das Herz Russlands (Sibirien) eingeschlagen und dies zur Erweckung bzw. Gründung der Bruderschaft geführt hat.

2.3 Liebesakte der Geschwister des Lichts

Nach dem Eintritt in die Bruderschaft wird bei den Geschwistern des Lichts der Fortpflanzungstrieb ausgelöscht. Dieser wird nicht benötigt, da die Zahl der „Quanten-Menschen" konstant ist und 23 Tausend beträgt. Die Liebe zwischen den Geschwistern des Lichts wird nicht über Geschlechtsverkehr praktiziert, was in ihrem Falle Inzest gleichkommt, sondern über ein mystisches Ritual, bei dem die Geschwister sich umarmen und ihre Herzen

---

[19] vgl. dazu das Interview „Говори сердцем! mit E. Vlasov und I. Vlasova, September 2005 (https://www.srkn.ru/interview/psynews.shtml)
[20] Сорокин, В.: Ледяная трилогия. S. 396
[21] vgl. dazu Maria Dschaak 2012, S. 7
[22] Turner 2008, S. 251 in Maria Dschaak 2012, S. 8
[23] Maria Dschaak 2012, S. 8
[24] siehe dazu den letzten Absatz des Kapitels Mythos der Eis-Trilogie, S. 4
[25] Gennep 2005, S. 84 in Maria Dschaak 2012, S. 7

miteinander sprechen lassen. Die Herzenssprache besteht aus 23 Herzensworten. Im Gegensatz zu einem Geschlechtsverkehr kann der Liebesakt der Geschwister des Lichts mehrere Stunden bis mehrere Tage andauern und sehr kraftraubend sein. Dabei verschmelzen sich die Herzen der Liebenden und die Zeit für sie bleibt im wahrsten Sinne des Wortes stehen:

«И сердца наши слились. […]. Мое маленькое сердце девушки погрузилось в его мощное сердце. Оно дышало и трепетало, горело и содрогалось. […]. Время остановилось для нас...»[26]

Das Phänomen, dass die Zeit während Erlebnissen höchsten Glückes sich verlangsamt bzw. stehen bleibt, kennt man aus der eigenen Erfahrung, aber auch aus den literarischen Werken:

«Счастливые часов не наблюдают.»[27] „...dem Glücklichen schlägt keine Stunde...“[28]

Darüber hinaus kommt es bei der Ausübung meditativer Praktiken oder in den außergewöhnlichen Bewusstseinszuständen zur Veränderlichkeit des Zeitgefühls, sodass die Zeit «unendlich» langsam vergeht.[29] Das Stehenbleiben der Zeit kann natürlich aber auch dadurch erklärt werden, dass die Geschwister des Lichts beim Liebesakt in ihren ursprünglichen Zustand der Ewigkeit zurückkehren, in dem es noch keine Materie, keinen Raum und keine Zeit gab.

Die Szenen der Liebespraktiken der Geschwister des Lichts erinnern in ihrer Beschreibung an erotische Szenen vor einem Geschlechtsverkehr:

«Затем Влодзимирский подхватил меня на руки и понес на второй этаж. Там в спальне он положил меня на широкое ложе и принялся раздевать. […]. Затем он разделся сам. […]. Он прижался своей широкой белой грудью к моей. »[30]

«Он рубаху снял. Тело белое такое. И начал штаны снимать. […]. Он разделся. Одеяло с меня скинул и стал исподницу с меня снимать. […]. Раздел меня догола. А потом лег рядом. Погладил по голове меня. И стал к себе поворачивать. […]. Он меня тихонько повернул к себе, руками длинными своими оплел. И прижался ко мне во всей. И грудью к моей груди прижался. »[31]

Beim Lesen drängt sich der Gedanke auf, ob es sich hier nicht um eine verschleierte Erotik handelt, die Sorokin so meisterhaft verpackt hat, der wegen seines früheren Romans «Голубое сало» beschuldigt wurde, pornographisches Material verbreitet zu haben.

Die sexuelle Enthaltsamkeit der Geschwister des Lichts ist vielleicht eine Anspielung an das Nichtvorhandensein des Sexes bzw. an die Tabuisierung des Sexualitätsdiskurses in der UdSSR: «В СССР секса нет - у нас есть любовь».[32] Mit diesem Satz hat eine sowjetische Hotelempfangsdame in einer Fernsehsendung aus dem Jahre 1986 die Frage einer Amerikanerin nach der Sex-Werbung in der UdSSR beantwortet. Zu dem Zeitpunkt gab es in der Sowjetunion weder Pornos noch Werbung noch Sexualerziehung in den Schulen. Und es

---

[26] Сорокин, В.: Ледяная трилогия. S. 233
[27] Грибоедов, А. Горе от ума, S. 38
[28] http://www.navigator-allgemeinwissen.de/die-wichtigsten-fragen-und-antworten-zu-sprache-und-sprichwoertern/redewendungen-und-beruehmte-aussagen/aus-der-literatur/2536-2020-03-03-14-18-41.html
[29] vgl. Wittmann 2015, S. 14-15
[30] Сорокин, В.: Ледяная трилогия. S.233
[31] Сорокин, В.: Ледяная трилогия. S.222
[32] Der erste Teil des Satzes wurde zu einer Catchphrase in der UdSSR.

war äußerst unangebracht, das Wort „Sex" in den Mund zu nehmen und darüber zu sprechen.[33] Darüber hinaus scheint Sorokin in der Eis-Trilogie seine Erinnerungen an die Berliner Love Parade (1998) verarbeitet zu haben, die ihn stark beeindruckt hat. So stellt er sich nun „eine asexuelle und nicht aggressive Gruppenerfahrung der Zukunft vor."[34]

3 Die Eis-Trilogie («Ледянная трилогия») – Entstehung und Struktur

An einem schwülwarmen Sommerabend beobachtete Sorokin einmal in einer engen Seitengasse in Tokio einen Koch, der einen Eimer mit Eisstücken ausschüttete. Dieses Erlebnis in Japan lieferte dem Schriftsteller die Inspiration zur Eis-Trilogie.[35] Die Eis-Trilogie («Ледяная трилогия») besteht aus den drei Romanen, die zuerst einzeln in der folgenden chronologischen Reihenfolge erschienen sind: „Das Eis" («Лёд») (2002), „Bro" («Путь Бро») (2004) und «23000» (2005). Im Jahre 2009 wurden Romane, in einem Buch vereint, vom russischen Verlag «АСТ» veröffentlicht. In dem Buch «Ледяная трилогия» sind die drei Werke in einer anderen Abfolge abgedruckt: zuerst «Путь Бро», danach «Лёд» und zum Schluss «23000». Diese neue Abfolge ist darauf zurückzuführen, dass der Roman «Путь Бро» ein Prequel und «23000» ein Sequel von «Лёд» darstellen. Die Romane haben einen gemeinsamen Rahmen. Diesen Rahmen bildet der Mythos der Eis-Trilogie, der sich wie ein roter Faden durch alle drei Romane hindurchzieht.

Mit jedem neuen Roman erweitert der Autor die Bandbreite an Interessen, gestaltet den Inhalt der Romane tiefgründiger und behandelt noch mehr Problemstellungen.

3.1 „Ljod" (2002)

Die Fabel des Romans «Лёд» kann als die „Philosophie mit dem Hammer" von Nitzsche bezeichnet werden, was Sorokin selbst in einem Interview bestätigt hat. Diese Philosophie wurde in der Epoche der „Stagnation" (Эпоха «застоя») in den intellektuellen Kreisen umfassend diskutiert. Während der Hammer in der Philosophie über den „Übermenschen" und „Wille zur Macht" von Nitzsche im übertragenen Sinne verwendet wird, materialisieren die Geschwister des Lichts das Instrument der Philosophie selbst und setzen diese mithilfe eines Eishammers ins Leben um, indem sie die Herzen bzw. Seelen der „auserwählten Übermenschen" erwecken, die im Körper eines normalen Menschen innewohnen. Unbewusst entsteht eine assoziative Verbindung zur UdSSR, deren Staatsemblem längere Zeit „Hammer

---

[33] vgl. dazu https://www.bbc.com/russian/features-40281053
[34] Döring 2013, S. 310
[35] Döring 2013, S. 309

und Sichel" darstellte und ein wichtiger ideologischer Gesichtspunkt darin bestand, «нести свет знания в массы», ohne Rücksicht auf Opfer und Verluste.[36]Analog wurde die Philosophie von Nitzsche von Nazis auf eigene Art und Weise gedeutet, um ihre Handlungen zu legitimieren, die darauf abzielten, eine exklusive Machtstellung in der weltlichen Rangordnung einzunehmen.[37]

Der Roman hat eine klare Struktur und besteht aus vier Abschnitten. Der erste Abschnitt des Romans, der mit vielen Dialogen gesättigt ist, hat einen ähnlichen Aufbau wie ein Theaterstück oder ein Drehbuch. Hier werden die Handlungs-Szenen kurz beschrieben, dabei die genaue Uhrzeit mitgeteilt und jeder neue Charakter in die Erzählung eingeführt. In dem Kapitel «Брат Урал» ist beispielsweise die Zeit: 23:42. und der Ort: «Подмосковье. Мытищи. Силикатная ул., д. 4, стр. 2.»[38] angegeben. Außerdem wird das Alter, die Unterscheidungsmerkmale und die Bekleidung aller Charaktere angegeben.[39] Im diesem Abschnitt wird der Leser Zeuge mehrerer Erweckungen der Geschwister des Lichts. Dabei wird der Erweckungsritual mehrfach sehr detailliert beschrieben. Das Ritual des „Aufklopfens" der schlafenden Herzen ist ein Gewaltakt, bei dem unschuldige blauäugige und blonde Menschen aufgrund von gewaltiger Krafteinwirkung ums Leben kommen, falls sie nicht das ursprüngliche Licht in sich tragen. Die Geschwister des Lichts haben kein Mitleid mit den Opfern und sind nur auf ein Ziel fixiert, die 23 Tausend „Auserwählten" zu erwecken und ihre Verwandlung zu den ursprünglichen Lichtstrahlen herbeizuführen. Ohne Rücksicht auf Verluste werden Tausende menschliche Brustknochen und Rippen gebrochen, um das hohe Ziel der Bruderschaft zu erlangen. Die angeblich herzlichen Geschwister des Lichts sind in Wirklichkeit nicht zu allen herzlich, und zwar zu den nicht zur Bruderschaft Gehörenden. Objektiv gesehen sind sie nicht besser als Menschen, die sie selbst als „Fleischmaschinen" bezeichnen und folgendermaßen beschreiben:

«Слепые и бессердечные, они становились все более жестокими. Они создали оружие и машины. Они убивали и рожали, рожали и убивали. И превратились в ходячих мертвецов.»[40]

Erst im letzten Roman der Trilogie («23000») erfährt der Leser, dass es Überlebende der Erweckungsrituale gibt, die wohl nur in Russland geschlachtet wurden. In anderen Ländern wurden die Personen am Leben gelassen und einige von ihnen zu Zwangsarbeiten für die Bruderschaft genötigt. Ebenfalls im Roman «23000» werden die Überlebenden von Schlüsselfigur der Bruderschaft Hram als «прослойка между нами [Geschwister des Lichts] и мясными» bezeichnet und dazu auserwählt, die letzte Hilfestellung der Bruderschaft bei der

---

[36] Seim 2007, S. 67
[37] Ebenda, S. 67
[38] Сорокин, В.: Ледяная трилогия. S. 136
[39] Seim 2007, S. 69
[40] Сорокин, В.: Ледяная трилогия. S. 230

Verwirklichung ihres Ziels zu geben: «– Недобитые – [...] – Только они способны оказать последнюю *внешнюю* помощь.»[41] Meiner Meinung nach gelingt Sorokin durch die Beschreibungen des „Aufklopfens" der schlummernden Herzen im ersten Abschnitt des Romans eine Intrige zu stricken und eine Spannung aufzubauen. Der Leser ist gespannt darauf zu erfahren, was dieses „Aufklopfen" der Herzen auf sich hat. Die genaue Erklärung wird im zweiten Abschnitt des Romans geliefert.

Darüber hinaus werden im Roman weitere Formen von Gewalt aufgeführt, die im sowjetischen Russland existierten und eine Fortsetzung im zeitgenössischen Russland ihren Platz finden: eine Prostituierte wird von ihrem Zuhälter drangsaliert, ein Liebhaber Dato quält seine Geliebte Natascha, die Mitarbeiter der Staatssicherheit foltern ihre eigenen Kollegen beim internen Machtwechsel während der Repressionen in der UdSSR. Es gibt auch weitere Episoden der Gewalt, die einen entmutigen, schockieren und vielleicht dazu da sind, um die Herzen der Leser zu „erwecken" und einen Widerhall bei ihren Seelen auf reale Weltgeschehnisse zu finden.[42]

Der zweite Abschnitt des Romans besteht aus in der ersten Person erzählten Erinnerungen einer der Schlüsselfiguren der Bruderschaft namens Hram, ursprünglich eines Dorfmädchens aus dem russischen Ort Koljubakino. Der Leser erfährt durch die „Brille" ihrer Wahrnehmung die Geschichte und das Grundkonzept der Bruderschaft und entwickelt allmählich eine Sympathie für diese mystische und außergewöhnliche Community und ihre Mitglieder.[43] Bemerkenswert ist die allmähliche Veränderung des Erzählstils des Monologs im zweiten Abschnitt des Roman. Dabei findet der Übergang schleichend, unauffällig für den Leser statt. Durch die Veränderung des Erzählstils im zweiten Abschnitt wollte Sorokin die Veränderung der Mentalität der Protagonistin zum Ausdruck bringen.[44] Der dritte und vierte Abschnitt des Romans sind sehr kurz und ähneln Werbespots, sodass die beiden letzten Abschnitte als ein postmodernistisches Spiel angesehen werden können, die ihren Platz außerhalb des Grundtextes des Romans finden.[45] Erst im Roman «23000» wird dem Leser klar, wofür die Firma «LËD» und das Wellness Set von Geschwistern des Lichts geschaffen wurden:

«– Ну, во-первых, это большие деньги и возможность легализоваться. Во-вторых, если полиция сталкивается со случаями похищения голубоглазых блондинов и простукивания их ледяными молотами, они полагают, что это просто бред не вполне нормальных пользователей приставки. Приставка – это ширма братьев Света. За ней можно многое спрятать.»[46]

Der Leser des Romans «Лёд» fragt sich zunächst, wozu Sorokin einem geistig zurückgebliebenen Jungen namens Miša Terehov den ganzen vierten obgleich auch sehr kurzen

---

[41] Сорокин, В.: Ледяная трилогия. S. 399
[42] Seim 2007, S. 72
[43] Ebenda S. 69
[44] Sokolov 2005, S. 128
[45] vgl. Seim 2007, S. 69
[46] Сорокин, В.: Ледяная трилогия. S. 340

Abschnitt in seinem Roman widmet. Meiner Meinung nach zwingt Sorokin den Leser zum Nachdenken, was dieser Abschnitt soll, macht ihn neugierig und wirbt dadurch gleichzeitig für die weiteren Romane der Trilogie. Beim Lesen des Romans «23000» leuchtet ein, welche Bedeutung der Junge Miša später Bruder Gorn für die ganze Bruderschaft hat und welche wichtige Aufgabe er für die Geschwister des Lichts erfüllt. Gorn hat ein starkes Herz, welches ihn dazu befähigt, in Verbindung mit Hram die letzten Geschwister des Lichts aufzuspüren und damit die Verwandlung zu ursprünglichen Lichtstrahlen zu beschleunigen.

3.2 „Put' Bro" (2004)

Der Roman «Путь Бро» ist am Anfang wie ein klassischer russischer Roman stilisiert. Zu Beginn der Erzählung deutet nichts auf ein Unglück hin. Die Geburt, Kindheit, Jugend und die Erinnerungen des Protagonisten namens Aleksandr Dmitrievič Snegirëv werden sehr detailliert und ausführlich beschrieben.[47] Man hat den Eindruck, es könnte sich um einen Roman von Ostrovskij, Gončarov oder Lev Tolstoj handeln. Danach folgt der Tag X, die Revolution, der 1. Weltkrieg und das Ende der „alten Welt": Tod der Eltern, Landstreicherei, Rückbildung der Gedanken und Gefühle, vom Essensmangel geprägtes Leben in Sankt Petersburg. Die einzige Verbindung zu seiner Vergangenheit sind der immer wiederkehrende ungewöhnliche Traum, Liebe zur Astronomie und die Expedition zum Ort des Einschlags des Tunguska-Meteoriten und…Und hier werden wir gemeinsam mit unserem Protogonisten aus einem gemütlichen Schlaf der melodischen Erzählung gerissen und geraten in eine psychodelische Phantasie, die einen Mythos beinhaltet. Es stellt sich heraus, dass die vorangegangene Geschichte eine Provokation war, um uns in die trügerische Sicherheit zu wiegen und jetzt werden wir in der neuen Kosmogonie willkommen geheißen. 23 Tausend Lichtstrahlen des ursprünglichen Lichts haben aufgrund eines Fehlers unsere Welt geschaffen, konnten diese nicht verlassen und blieben in den menschlichen Körpern gefangen, verdammt zur ewigen Wiedergeburt und zur Verständnislosigkeit des wahren Sinnes ihres Daseins. Der Einschlag des Tunguska-Meteoriten, der am 30. Juni 1908 stattfand, am Geburtstag von Saša Snegirëv hat einen unmittelbaren Einfluss auf die „Quanten-Menschen". Saša, der intuitiv seine Verbindung zu diesem eisigen Himmelskörper spürt, „erweckt sein Herz" mit einem Stück desselbigen Eises, erhält seinen „wahren" Namen und seine große Bestimmung auf dieser Welt. Seine weitere Mission besteht jetzt darin, die restlichen 22 999 Schwestern und Brüder des Lichts zu finden

---

[47] Tatarinov 2010, S. 73

und zu initiieren, um an einem großen Tag sich zu vereinen, die fehlerhafte Welt umzubringen und ihre wahre Gestalt und die ewige Glückseligkeit zu erlangen.[48]

Die Besonderheit des Romans besteht in der autobiographischen Erzählung mit einer Vielzahl von Wörtern und manchmal ganzen Passagen, die durch Kursivsetzung hervorgehoben sind, vermutlich mit dem Ziel, die Aufmerksamkeit des Lesers auf etwas ganz Wichtiges zu lenken. Auch Friedrich Nitzsche bediente sich in seinen Arbeiten (bspw. in „Götzen-Dämmerung oder Wie man mit dem Hammer philosophiert") derselben Praktik. Allerding setzte Nitzsche dadurch die Betonung auf das seiner Meinung nach Wesentliche in seiner Arbeit während Sorokin möglicherweise die Tricks der Konzeptkunst verwendete.[49]

Ab dem 6. Kapitel («Лёд») kommt es zu einer kardinalen Veränderung des Erzählstils des Romans. Die erweiterten Sätze verwandeln sich zu einfachen Sätzen mit mehreren Wiederholungen. Zum Beispiel wird «огромное и родное» im 6. Kapitel mindestens sechsmal wiederholt. Das Vokabular des Erzählers durchlebt ebenfalls eine schlagartige Veränderung. Die Menschen werden zu «мясные машины» („Fleischmaschinen). Im weiteren Verlauf der Erzählung tauchen andere Maschinen auf: «мясные машины с железными трубками, плюющимися горячим металлом» (Menschen mit Gewehren), «длинная железная машина» (Zug), «самые умные местные машины» (Wissenschaftler). Gleichzeitig wird Russland zu «страна Льда» und Deutschland zu «страна Порядка». Alle diese Begriffe können zum einen als Pastiche der Äsopischen Sprache bezeichnet werden, die sozrealistische Autoren verbreitet verwendet haben, um in der sowjetischen Literatur ihre Gedanken zu tarnen. Zum anderen ähneln diese Begriffe den Metaphern wie «железная воля», «железный поток», «железная логика», «железный занавес». Diese Redewendungen halfen den Autoren, ihre subjektive oder von der Zensur aufgedrängte Lebenseinstellung auszudrücken.[50] Meiner Meinung nach erreicht die Äsopische Sprache ihren Höhepunkt in dem Kapitel «Большой Круг» im Roman «23000». Der Begriff «мясные машины» wird insgesamt einundachzigmal und «железные машины» zweiundzwanzigmal verwendet. Dabei werden überhaupt keine Bezeichnungen für die Menschen (z. B. Fussballfans, Fussballer, Fussball etc.) und keine Namen der berühmten Persönlichkeiten (Lenin, Gagarin etc.) genannt, sondern die Sachverhalte in Form von Rätseln (загадки) umschrieben:

«Мы ехали из центра города по улице, названной местными мясными машинами в честь одной мясной машины, очень известной в этой стране. Восемьдесят восемь земных лет назад эта мясная машина при помощи своих соратников свергла династию мясных машин, более трехсот лет управлявшую страной Льда, и установила свою власть. [...]. Медленно продвигаясь в потоке железных машин, мы доехали до площади, названной местными мясными машинами в честь одной мясной машины, сорок три земных года назад совершившей полет на железной машине в околоземное пространство.»

[48] Tatarinov 2010, S. 176-177
[49] Seim 2007, S. 74
[50] Ebenda, S. 76

«Толпа мясных машин, надевших на головы и повязавшие вокруг шей одинакового цвета ткань, громко выкрикивала одни и те же слова; эти мясные машины ехали в специальное место, где десятки тысяч мясных машин напряженно следили, как двадцать мясных машин на травяном поле катают и перебрасывают ногами упругий шар;»[51]

Vielleicht wollte der Autor damit die Rätselhaftigkeit von Russland konstatieren. Einem Außenstehendem fällt es schwer dieses Land und die Mentalität dieser Menschen zu verstehen.

Ein berühmtes Gedicht von Fedor Tjutčev aus dem Jahre 1866 trägt den Titel «Умом Россию не понять»:

> «Умом Россию не понять,
> Аршином общим не измерить:
> У ней особенная стать —
> В Россию можно только верить.»

Hier wird dem Verstand der Glaube und der Verständnislosigkeit die Harmonie gegenübergestellt. In dem Gedicht geht es um die Einzigartigkeit und Authentizität Russlands. Gleichzeitig kann dem Gedicht die messianische Rolle Russlands und die Widersprüchlichkeit der russischen Kultur entnommen werden. So glauben auch die Geschwister des Lichts an ihre große Mission und die Verwandlung zu den ursprünglichen Lichtstrahlen, die eine Harmonie wiederherstellen soll.

Genauso wie Zarathustra bei Nitzsche grübelt der Protagonist über den Sinn des Lebens auf der Erde nach und schon sind wir wieder beim Motiv der Gewalt angelangt:

> «Эта кровавая сцена посреди мертвого леса наглядно демонстрировала мне суть земной жизни: не успевшее родиться существо стало пищей для других существ. Весь абсурд земного бытия был здесь – в этой хрипящей лосихе, в судорожно перекошенных губах лосенка, так и не успевших втянуть в себя воздух Земли, в яростном урчании медвежонка, в неизменно добродушных медвежьих мордах, вымазанных свежей кровью, бьющей ключом из прорванной шейной аорты.»[52]

Das Motiv der Gewalt gegen den Menschen, das eine übergeordnete Rolle im Roman «Лёд» gespielt hat, rückt im chronologisch zweiten Roman in den Hintergrund. Auch die ausführliche Beschreibung der unendlich vielen Szenen des „Aufklopfens" der Herzen wurden auf ein Minimum reduziert: Man erlebt die Erweckungen der beiden Schlüsselfiguren der Erzählung Fer und Ig. Lässt man die humanistischen Offenbarungen von Bro, die Einstellung der Bruderschaft zur Menschheit und ihr Ziel der Erreichung der berüchtigten Harmonie auf der Zunge zergehen, so passen die Geschwister des Lichts viel besser in die Kategorie der Maschinen.[53]

Ferner kann man feststellen, dass Sorokin in seinem Roman «Путь Бро» den Leser dazu bringt, das bereits von ihm (im Roman «Лёд») Gelesene noch einmal zu lesen. Dadurch dass Sorokin zum bereits vorher Gesagten zurückkehrt, wird die literarische Sprache am Ende der Erzählung von Bro auf ein Minimum an Sätzen reduziert und der Text der Erzählung mimikriert sich selbst.[54]

---

[51] Сорокин, В.: Ледяная трилогия. S. 307
[52] Сорокин, В.: Ледяная трилогия. S. 52
[53] Seim 2007, S. 77
[54] Ebenda, S. 78

Sorokin selbst sieht den Roman «Путь Бро» als ein Teil des Romans «Лёд». Das eine lässt sich leicht in das andere einbauen. Er schrieb den Roman «Путь Бро», da er intuitiv gespürt hat, dass die Thematik im Roman «Лёд» unvollendet ist, ihn nicht loslässt und dass die Arbeit zu Ende gebracht werden muss.[55]

3.3 „23 000" (2005)

Der Roman «23000» beginnt mit der letzten Episode des Romans «Лёд»: Es kommt zu einer erneuten Begegnung mit dem kleinen Jungen namens Miša, der vergeblich versucht, eine Orange herauszuholen, die hinter den Küchenschrank gerollt ist. Dadurch entsteht der Eindruck der Kontinuität der Erzählung zwischen dem chronologisch ersten und dritten Roman der Trilogie. Gleichzeitig entsteht die Vermutung einer (bis jetzt) verborgenen Bestimmung des Jungen und seiner Mission für die ganze Bruderschaft und dieser Eindruck wird im weiteren Verlauf der Erzählung nur verstärkt.[56] Außerdem ruft der kleine Junge, der betäubt und in einen Koffer gepackt wird, eine Assoziation mit einem sowjetischen Kinderfilm mit dem Titel «Приключения Электроника» hervor. In diesem Film wird einem Menschen ein Roboter gegenübergestellt. Es handelt sich um eine Verfilmung der Novellen «Электроник — мальчик из чемодана» (1964) und «Рэсси — неуловимый друг» (1971) von Evgenij Veltistov.[57]

Bereits im ersten Kapitel wird der Roman zu einem Thriller, in dem man plötzlich Verfolgungsjagden, gewalttätige Auseinandersetzungen und Feuergefechte mit Morden beobachtet. Es stellt sich später heraus, dass es sich bei dem ganzen Thriller lediglich um einen Alptraum des Ruders Merog handelt. Insgesamt schafft Sorokin in seinem Roman «23000» dreimal den Leser hinters Licht zu führen und die Alpträume der Protagonisten als Realität zu verkaufen. Der zweite Alptraum von Olga Drobot handelt von ihrem Aufenthalt in der Bibliothek und von ihren Erlebnissen mit der Droge „ICE". Der letzte Alptraum gehört Björn, der von den Bohrern träumt, die seinen Körper und den von Olga durchbohren. Jedes Mal schockieren die Alpträume den Leser, rufen bei ihm Mitleid für seine Charaktere hervor und lassen ihn eine gewaltige Erleichterung verspüren, wenn er glücklicherweise feststellen darf, dass es lediglich nur ein Alptraum ist.

Der Handlungsstrang des dritten Romans ist derselbe wie bei den ersten beiden. Es müssen die Geschwister des Lichts mithilfe des Eishammers gefunden werden, um ihre große Mission zu vollenden: sich in einem Kreis zu vereinen, die Herzen sprechen zu lassen, um sich zum

---

[55] vgl. dazu Sokolov 2005, S. 181
[56] vgl. Seim 2007, S. 78-79
[57] https://echo.msk.ru/blog/ehkino/676531-echo/

ursprünglichen Licht zu verwandeln und dabei den Planeten Erde und die unvollkommene Menschheit zu eliminieren.[58]

Eigentlich zwingt Sorokin den Leser dazu, denselben Mythos mit verschiedenen Modifikationen des Erzählstils und des Genres zu lesen. Dennoch wird der Leseprozess dadurch nicht zu einem langweiligen Zeitvertreib, sondern zu einer interessanten abenteuerlichen Erfahrung. Und der Leser muss mit Bedauern der Tatsache ins Auge sehen, dass es keine Fortsetzung des Eis-Epos gibt.

Neu im Roman «23000» sind die Überlebenden der Erweckungsrituale. Diese versuchen heraus zu finden, wer sie verfolgt. Dazu erstellt jemand eine Internetseite, mit deren Hilfe sich die Überlebenden verbünden, sich in China versammeln, um gegen 23 Tausend Geschwister des Lichts vorzugehen. Die Zahl der überlebenden Opfer beträgt insgesamt 189. Zu den Überlebenden gehören zwei neue Charaktere: die russische Jüdin Olga Drobot aus New York und der Schwede Björn Wassberg. (Die neugebackenen Adam und Eva des Mythos von Sorokin.) Das Ganze ist allerdings eine von der Bruderschaft selbst gestellte Falle. Olga und Björn werden von der Bruderschaft gefangen genommen und zur Herstellung der Eishammer in einem „modernen Straflager" gezwungen. Und schon spürt der Leser wiederum Mitleid mit Olga, Björn und anderen Insassen des „Straflagers", da ein Entkommen nicht in Sicht ist. Glücklicherweise ergreifen Olga und Björn eine Flucht, werden von den Geschwistern des Lichts gefangen und bekommen die Ehre erwiesen, die Bruderschaft bei ihrer großen Mission zu unterstützen. Olga und Björn sind wie hypnotisiert und helfen der Bruderschaft, ohne sich darüber Rechenschaft abzugeben, dass sie damit beschäftigt sind, sich selbst und die Welt zu vernichten.

Die ganze mythische Geschichte von Sorokin, die bis zum letzten Kapitel einen apokalyptischen Charakter bezüglich der ganzen Menschheit und des Planeten Erde getragen hat, erlebt zum ersten Mal ein „Happy End": Die ganze Bruderschaft stirbt auf einer wunderschönen, von ihnen selbst für ihr letztes Ritual eingerichteten Insel, während die beiden Normalsterblichen Olga und Björn am Leben bleiben. Dieses unerwartete Ende demonstriert anschaulich die russische Volksweisheit: «Не рой другому яму – сам в неё попадёшь». Dieses „Happy End" kann aber auch auf eine andere Art und Weise gedeutet werden. In Analogie zum Satz: «Красота спасёт мир», der von Dostoevskij stammt, kann das Ende des Romans aber auch folgendermaßen gedeutet werden: Швеция и Россия/Америка спасут мир. Wie dem auch sei, bezeichnet Sorokin das letzte Kapitel «Бог» und lässt seine Protagonisten

---

[58] vgl. Seims 2007, S. 79

dieses Wort mehrfach wiederholen. Björn zieht eine einfache Schlussfolgerung: «Это все... сделано... [...]. – Для нас. [...] – И все это сделано Богом.»[59] Und diese Feststellung ist unbestreitbar.[60] Der trügerische Glaube der Bruderschaft an Ihre Verwandlung stellt sich als nichtig heraus, da nach Sorokin der wahre Glaube der Glaube an Gott ist.

Sorokin thematisiert in seiner Trilogie die „Lieblingskrankheit" der „neuen Zeit", und zwar die Unfähigkeit und der Unwille, den Ort und die Zeit unseres Lebens zu lieben und zu genießen.[61] Und im letzten Roman der Trilogie zeigt er, welche Folgen diese „Krankheit" haben kann. An dieser Stelle kann in Erinnerung Jonestown-Masseker bzw. Massensuizid von Jonestown aus dem Jahre 1978 gerufen werden. Dabei kamen in einem totalitären Sektenstaat bei einer teilweise erzwungenen Selbsttötung bzw. Ermordung 909 Menschen ums Leben. Damals wurden die Menschen vor die Wahl gestellt, entweder ermordet zu werden oder sich in die Schlange zu stellen, die sich vor dem Tisch formierte, auf dem der tödliche Cocktail in Pappbechern ausgeschenkt wurde. Nach fünf Minuten zeigte der Cocktail seine letale Wirkung.[62]

In seinem Roman «23000» demonstriert Sorokin, dass der blinde fanatische Glaube nicht mit freiem Willen zu vereinbaren ist und lässt die Absurdität des totalitären Diskurses, der Übermäßigkeit und des Absolutismus zum Ausdruck kommen.

4   Eis-Trilogie – ein neues konzeptualistisches Projekt von Sorokin?

Der Erzählungsstil des Romans «Лёд» und der anderen Romanen der Eis-Trilogie wird von Sorokin selbst als nicht konzeptualistisch definiert.[63] «Лёд» ist der erste Roman für Sorokin, bei dem nicht die Form, sondern der Inhalt dominiert.[64] Aus einem Interview mit Sorokin geht hervor, dass der Roman «Лёд» unter dem Eindruck der Kommunikation mit seinem Hund entstanden ist und eine Reaktion auf die Enttäuschung über den modernen Intellektualismus darstellt:

«Лёд» – это реакция на разочарование в современном интеллектуализме. Цивилизация разрушает. Люди как-то терять себя. Они становится фигурами внешних технологий во всём, начиная от еды и кончая любовью. Ощущается тоска по первичному, по непосредственному. Мы живём в паутине опосредованности. Я вспоминаю своего дедушку. Очень немногие сегодня способны говорить сердцем. И есть тоска по утраченному раю. А рай – это непосредственность. «Лёд – это не роман о тоталитаризме, а роман о поисках утраченного духовного рая.»[65]

---

[59] Сорокин, В.: Ледяная трилогия. S. 409
[60] Seim 2007, S. 82
[61] Tatarinov 2010, S. 179
[62] vgl. https://www.welt.de/geschichte/article183999416/Massenselbstmord-Fuer-den-Gift-Cocktail-mussten-sie-Schlange-stehen.html
[63] vgl. Bogdanova 2005, S. 44
[64] vgl. Sokolov 2005, S. 127
[65] https://srkn.ru/criticism/pirogov1.shtml

Neu ist auch für diese Texte von Sorokin, dass sie einen Mythos beinhalten. Auf den ersten Blick deutet vieles in der Eis-Trilogie daraufhin, dass es sich um den „neuen Sorokin" handelt, der sich in dem Interview «Прощай концептуализм!» von konzeptualistischen Techniken und Praktiken in der Literatur verabschiedet, die neuen Tendenzen in seinem Schaffen ausruft und das Aussterben des Konzeptualismus bestätigt.[66] Beim genauen Betrachten und Analysieren seiner Romane «Лёд» und «Путь Бро», kann man feststellen, dass es sich dabei um ein neues konzeptualistisches Projekt von Sorokin handeln kann. Dieser Tatsache sollen die weiteren Ausführungen dieser Arbeit gewidmet werden.

Die Reaktion Sorokins auf „die Enttäuschung über den modernen/zeitgenössischen Intellektualismus" («разочарование в современном интеллектуализме»), „die Sehnsucht nach dem Ursprünglichen, Unbefangenen" («ощущение тоски по первичному, по непосредственному») und die Suche nach „dem verlorenen Paradies" (поиски «утраченного рая») ähneln sehr den Sinnsprüchen und Kunstwerken von Sorokins Gleichgesinnten Komar und Melamid:

«Зритель устал от сухого концептуализма. И живописцы тоже. У молодых художников появилась ностальгия по традиционной живописи...».[67]

Beispiele für „traditionelle" und „nostalgische" Malerei bei Komar und Melamid sind die Werke «Маркс и Энгельс», «Происхождение социалистического реализма», «Муза живописи представляет тов. Сталину...».[68]

Das Konzept des Herzens in der Eis-Trilogie hat einen zwiespältigen Charakter. Auf der einen Seite können die erweckten Herzen der Geschwister des Lichts sprechen und sich verschmelzen. Auf der anderen Seite ist das Herz der Erweckten gebrochen, also tot, weil es vom Eishammer zerbrochen wird.[69] Das Motiv des Herzens ist nicht neu und kommt in dem Kunstwerk «Сердце» von Leonid Sokov zum Ausdruck:

«Сердце», «грубо сбитое, как забор из окрашеных в красный цвет досок и пронзенное пластмассовой стрелкой указателя уличного перехода...»[70]

Das von einem Pfeil aufgespießte Herz ist ein ewiges, wiederkehrendes Thema und steht für die Liebe bzw. das Verliebtsein.[71]

In der Mitte der 90er Jahre des 20. Jahrhunderts wird die spezifische sowjetische Kunstentwicklung Soz Art folgendermaßen von Holmogorova beschrieben:

«Концептуальное искусство переживает в последние годы новый виток своего развития, главной характеристикой которого выступает тенденция мифосложения, подразумевающая не демистификацию и демифологизацию соц-арта, но конструирование собственного мифа – то есть разветвлённой системы метаязыков, последовательно

---

[66] vgl. Bogdanova 2005, S. 47
[67] Gleser 1986, S. 112
[68] siehe Anhang, S. 25
[69] vgl. Bogdanova 2005, S. 49
[70] Gleser 1986, S.222
[71] Ebenda, S. 222

выстраивающих идеологически канонизированный свод нашего социалистического бытия.» Не развенчание отдельных конкретно узнаваемых смыслов, но созидание языковых пространств, предполагающих постепенное эмоциональное вживание, становится теперь задачей художника. Качественно новая авторская установка повлекла за собой и разработку более гибкого инструментария, укрупнение пластического языка, сказавшегося, прежде всего, в переключении с отдельных «штучных» произведений на большие, требующие последовательного пространственного разворачивания циклы»[72]

Es wird der Eindruck erweckt, dass Holmogorova die Eis-Trilogie von Sorokin beschreibt: «тенденция мифосложения», «конструирование собственного мифа» – diese Aspekte können in den Texten von Sorokin wiedergefunden werden. Er konstruiert eigenen Mythos und erfindet eine neue Metasprache, „die Herzenssprache" der Geschwister des Lichts. Er geht von einzelnen Romanen zu den Zyklen (Trilogie) über: «в переключении с отдельных «штучных» произведений на большие, требующие последовательного пространственного разворачивания циклы».[73] Die Tatsache, dass nach dem ersten Roman «Лёд» ein zweiter Roman «Путь Бро» erscheint, der kaum eine Ergänzung zum ersten Roman liefert, kann als eine konzeptualistische Technik angesehen werde, die als «при-умножение» bezeichnet wird. Dabei werden neue Varianten eines bereits existierenden Objekts geschaffen, die zusammen einen Zyklus ergeben. Beispiele dafür sind künstlerische Werke «Дорожные знаки» (1973) und «Окна» (1975) von Ivan Čujkov.[74]

Die Motive der Sonne und des Lichts, die in der Eis-Trilogie vorkommen, können von Sorokin zum einen den Werken von Klassiker des Sozrealismus Vladimir Majakovskij und zum anderen den künstlerischen Werken von Bulatov entlehnt worden sein. So heißt es im Gedicht «Необычайное приключение, бывшее с Владимиром Маяковским летом на даче» von Majakovskij «В сто сорок солнц закат пылал...» und «светить всегда, светить везде до дней последних донца...». Und in seinem Poem «Владимир Ильич Ленин» wird zwar der sowjetische Anführer nicht mit der Sonne verglichen, aber alle seine Handlungen werden mit den Worten «жечь», «светить», «обжигать», «освещать», «палить» charakterisiert, die einen direkten Bezug zur Sonne und dem Licht aufweisen. Was die Arbeiten von Bulatov anbelangt, so ist das Licht dort eine dominante Konstante. Er selbst beschreibt sein Schaffen folgendermaßen:

«Собственное движение сквозь мир, пространство остановленого времени, где всё живёт навсегда, прорыв в абсолютную реальность, вечное движение туда, по ту сторону картины, где кругом свет, кругом свет».
«...сознание художника отделяется от изображения, моё сознание человека – от изображённого явления, от всего кроме самого света».[75]

Ein weiteres Bulatovs Bild «Закат» (1989) zeigt das Staatswappen der Union der Sowjetischen Sozialistischen Republiken, das wie die Sonne untergeht. Damit symbolisiert Bulatov den Untergang einer ganzen Epoche, die zum Zeitpunkt der Bildentstehung ihre letzten

---

[72] Холмогорова 1994, S. 28 zitiert in Bogdanova 2005, S. 50
[73] Bogdanova 2005, S. 50
[74] Ebenda, S. 51
[75] Bulatov 1990, S. 20 zitiert in Bogdanova 2005, S. 54

Lebensmomente genoss.[76] Die Sonne, die sich im blauen Meer wiederspiegelt, transformiert sich danach überraschungsweise durch die Linie am Horizont zum Wappen der UdSSR. Genauso transformieren sich in der Sorokins Trilogie die „Fleischmaschinen" durch das Eis (die Linie am Horizont) zu den Geschwistern des Lichts im Falle einer Bruderschaft oder die Lebenden werden zu den Toten. Selbst der Kontrast der beiden für Bulatovs Bilder grundlegenden Farben Blau und Rot finden ebenfalls einen Ausdruck bei Sorokin: «синева духа», «прозрачная голубизна льда», «белизна снега», «чистота воды» treten in einen Kampf gegen «красный», «мясной», «фиолетовый».[77]

Außerdem kann die Vermutung aufgestellt werden, dass beim Untergang des Konzeptualismus die Eis-Trilogie als von Sorokin errichtetes Denkmal für das verschwindende Zeitalter, seine Ästhetik und Strategien gesehen werden kann, sodass jeder Konzeptualist seinen eigenen Beitrag dort wiederfindet. Und in der Gestalt der Geschwister des Lichts treten dann die Konzeptualisten selbst auf, die sich ebenfalls als „Sekte" bezeichneten:[78]

«понимали… что надо изобрести новую секту», «сектантство – это хорошо», «каждому дана была тайная кличка, воинский чин и секретное задание… Это был зачаток динамичной секты/тайной организации».[79]

Der Aspekt der verschwommenen, nicht unterscheidbaren Gesichter bei Sorokin findet ebenfalls den Ausdruck auf dem Bild von dem Soz Art angehörenden Aleksandr Kosolapov «Учись сынок» (1975).[80] Auf dem Bild belehrt ein gesichtsloser Papa in einer Militäruniform seinen gesichtslosen ebenfalls in eine Uniform gekleideten Sohn.[81]

Neben den Äußerungen Sorokins und der Kritiker bezüglich der neuen Trilogie, die sie als komplett neues Werk ansehen, kann man anhand von oben beschriebenen Ausführungen schlussfolgern, dass die Eis-Trilogie gleichzeitig ein Resultat des „alten konzeptualistischen Spiels" des Autors darstellt. Mit den neuen Romanen baut Sorokin sich ein neues Image auf und dies gilt nach Grojs als ein wichtiger konzeptualistischer Trick:[82]

«построение определённого имиджа… составляет едва ли не основную тему московского концептуализма.»[83]

---

[76] vgl. https://www.m24.ru/articles/vystavki/07112016/121324
[77] Bogdanova 2005, S. 55
[78] Ebenda S. 55
[79] Alekseev 1990, S. 43, 45, 51 zitiert in Bogdanova 2005, S. 56
[80] siehe Anhang, S. 25
[81] vgl. dazu Bogdanova 2005, S. 56-57
[82] Ebenda S. 57
[83] Grojs 1991, S. 38 zitiert in Bogdanova 2005, S. 57

5   Fazit

Sorokin verwendet zum ersten Mal in seinem Schaffen einen Mythos, der sich durch alle drei Romane hindurchzieht. Dabei zwingt er den Leser dazu den gleichen Mythos wiederholt zu lesen. Dadurch dekonstruiert er den schriftstellerischen Diskurs. Der Mythos von einem Orden, dessen Anschauungen und Symbole an die gnostische Glaubensmaxime erinnern, hat zum Ziel, die Erde zu vernichten. Die russische und weltliche Geschichte des 20. Jahrhundert ist für Sorokin ein gescheiterter Versuch der 23 Tausend Brüder und Schwestern des Lichts, sich zu vereinen, um die Welt zu zerstören und dabei zum ursprünglichen Licht wiederzufinden. Der Autor ist davon überzeugt, dass man zu einem neuen Lebensgesetz gelangt, wenn man seine eigene Natur der göttlichen Harmonie unterwirft und in Einklang mit sich selbst und der Natur lebt.

Gleichzeitig zeigt der Autor, dass der Mensch eine permanente Erwartungshaltung an den Tag legt wie die Geschwister des Lichts, die ihre Verwandlung zum ursprünglichen Licht sehnsüchtig erwarten. Der Mensch ist in der ständigen Erwartung eines neuen besseren Lebens, eines neuen besseren Zustandes und nicht in der Lage, den Ort und die Zeit seines gegewärtigen Lebens zu schätzen, zu lieben und zu genießen. Sorokin zeigt am Endes seines letzten Romans, welche Folge eine solche Lebenseinstellung nach sich ziehen kann und ruft den Leser dazu auf, sich zu besinnen und seine Lebenseinstellung zu ändern, um die vom Gott bemessene Zeit auf der Erde zum besten zu nutzen. „Bestand der Sinn des Lebens vor der Aufklärung darin, sich auf ein Leben nach dem Tod vorzubereiten, erhält in der Aufklärung bereits das Leben im Diesseits ausreichend Sinn. Auch hier ist bereits Glück möglich – sofern man ein tugendhaftes und vernunftgesteuertes Leben führt."[84] Sorokin ist wie ein Aufklärer, der dem Leser folgende Botschaft mitteilen versucht: « Живи здесь и сейчас и не дожидайся Того Света!»

Außerdem versucht Sorokin am Beispiel der Bruderschaft die Psychologie und Ideologie einer totalitären terroristischen Bewegung zu veranschaulichen und aufzudecken. Die Geschwister des Lichts sind bereit, ohne mit der Wimper zu zucken, Millionen von für sie nutzlosen „Fleischmaschinen" auszulöschen, um zu ihrem großen Ziel zu gelangen. Für die Bruderschaft rechtfertigt das Ziel die Methoden, die angewandt werden, um dieses Ziel zu erreichen. Auch eine terroristische Bewegung kennt weder ethische noch moralische Grenzen und macht vor nichts Halt, um ihre Ziele zu erreichen. Der Terrorismus, der als die Pest des 20. Jahrhunderts bezeichnet wird, hat sich im Zuge der Perfektionierung der Massenvernichtungswaffen wie ein tödlicher Virus auf dem ganzen Planeten ausgebreitet. Begünstigt wird der Terrorismus zum

---

[84] https://www.br.de/radio/bayern2/sendungen/radiowissen/geschichte/aufklaerung-vernunft-thema100.html

Beispiel durch soziale Instabilität, internationale Konflikte in Verbindung mit dem Nationalismus und religiösen Fanatismus. Im 21. Jahrhundert ist niemand vor einer terroristischen Gewalttat gefeit. Diese Unberechenbarkeit macht den Terrorismus beängstigend. Die blauäugigen Menschen mit den blonden Haaren in der Trilogie sind ebenfalls nicht davor geschützt, der Bruderschaft zum Opfer zu fallen. Menschen, die vor dem Erweckungsritual ein eigenes sinnvolles Leben geführt haben, werden plötzlich von Geschwistern des Lichts gewaltsam aus ihrem alten Leben herausgerissen und ihrem Leben wird eine neue Sinnhaftigkeit verliehen.

Zwar wird die Eis-Trilogie von Lesern, Kritikern und Sorokin selbst als nicht konzeptualistisch angesehen, aber es lassen sich trotzdem viele Parallelen zwischen den konzeptualistischen Kunstwerken und der Eis-Trilogie ziehen. Und man kann sehr überzeugend vorbringen, dass die Eis-Trilogie als ein Resultat des „konzeptualistischen Spiels" von Sorokin gedeutet werden kann.

6   Literaturverzeichnis

Primärliteratur:

Сорокин, Владимир: *Ледяная трилогия (сборник)*, Corpus (ACT), 2010

Грибоедов, А. С.: *Горе от ума. Комедии. Драматические сцены. Стихотворения. Путевые заметки.* Москва: РИПОЛ классик 2007

Sekundärliteratur:

Bogdanova, O.V.: *Концептуалист писатель и художник Владимир Сорокин: Учеб.-метод. пособие.* – СПб.: Филологический факультет СПбГУ 2005

Döring, Johanna Renate: *Von Puschkin bis Sorokin. Zwanzig russische Autoren im Porträt.* Wien Köln Weimar: Böhlau Verlag 2013

Dschaak, Maria: *Darstellung der Masse in der Trilogija von Vladimir Sorokin.* GRIN Verlag 2012 (https://www.grin.com/document/436327)

Gennep, Arnold van: *Übergangsriten.* Frankfurt: Campus Verlag 2005

Gleser, Aleksandr: *Russkie hudozniki na zapade.* Paris-New York: Издательство Третья Волна 1986 (https://vtoraya-literatura.com/pdf/glezer_russkie_khudozhniki_na_zapade_1986__ocr.pdf)

Grehn, Joachim/Krause, Joachim: *Metzler Physik.* Braunschweig: Schroedel Verlag GmbH 2007

Lesch, Harald: *Über Gott, den Urknall und den Anfang des Lebens.* München: mvg Verlag 2020

Seim, Natalia: *Владимир Сорокин ум, честь и совесть эпохи постмодерна.* Lund 2007 (https://www.lunduniversity.lu.se/lup/publication/1324882)

Sokolov, Boris: *Moja kniga o Vladimire Sorokine.* Moskva: AIRO-XXI 2005

Tatarinov, A.V.: *Современная литература: поэтика и нравственная философия.* Kransnodar: Zarlit 2010

Wittmann, Marc: *Wenn die Zeit stehen bleibt. Kleine Psychologie der Grenzerfahrungen.* München: Verlag C.H.Beck oHG 2015

Internetquellen:

https://www.br.de/radio/bayern2/sendungen/radiowissen/ethik-und-philosophie/urknall-schoepfung-thema100.html (Zugriff am 30.12.2020 um 15:00 Uhr)

https://www.lernhelfer.de/schuelerlexikon/physik/artikel/modelle-fuer-das-licht (Zugriff am 03.01.2021 um 11:00 Uhr) https://www.leifiphysik.de/quantenphysik/quantenobjekt-photon/grundwissen/einsteins-theorie-des-lichts (Zugriff am 03.01.2021 um 12:30 Uhr)

https://www.srkn.ru/interview/psynews.shtml (Zugriff am 26.12.2020 um 09:00 Uhr)

http://www.navigator-allgemeinwissen.de/die-wichtigsten-fragen-und-antworten-zu-sprache-und-sprichwoertern/redewendungen-und-beruehmte-aussagen/aus-der-literatur/2536-2020-03-03-14-18-41.html (Zugriff am 29.12.2020 um 11:30 Uhr)

https://www.bbc.com/russian/features-40281053 (Zugriff am 04.01.2021 um 20:30 Uhr)

https://echo.msk.ru/blog/ehkino/676531-echo/ (Zugriff am 11.01.2021 um 14:00 Uhr)

https://www.welt.de/geschichte/article183999416/Massenselbstmord-Fuer-den-Gift-Cocktail-mussten-sie-Schlange-stehen.html (Zugriff am 09.01.2021 um 15:15 Uhr)

https://srkn.ru/criticism/pirogov1.shtml (Zugriff am 06.01.2021 um 11:20 Uhr)

https://www.m24.ru/articles/vystavki/07112016/121324 (Zugriff am 08.01.2021 um 14:30 Uhr)

https://www.br.de/radio/bayern2/sendungen/radiowissen/geschichte/aufklaerung-vernunft-thema100.html (Zugriff am 13.01.2021 um 20:15 Uhr)

https://ru.rbth.com/zhizn/253-komar-melamid-sots-art (Zugriff am 08.01.2021 um 13:30 Uhr)

https://www.m24.ru/articles/vystavki/07112016/121324 (Zugriff am 10.01.2021 um 21:30 Uhr)

https://www.admagazine.ru/culture/lenin-i-koka-kola-aleksandr-kosolapov-v-mmoma (Zugriff am 05.01.2021 um 11:15 Uhr)

«Учись сынок» 1975 г. А. Косолапов.[86]

«Происхождение социалистического реализма». Из серии «Ностальгический соцреализм», 1983 г. (с) Комар и Меламид[85]

«Закат» 1989 г. Эрик Булатов[87]

---

[85] https://ru.rbth.com/zhizn/253-komar-melamid-sots-art
[86] https://www.admagazine.ru/culture/lenin-i-koka-kola-aleksandr-kosolapov-v-mmoma
[87] https://www.m24.ru/articles/vystavki/07112016/121324